PUBLICATION DE LA REVUE DU CERCLE MILITAIRE

LES
GRANDES VOIES COMMERCIALES
DU TONKIN

PAR

Le Capitaine DEVREZ
DE L'ÉTAT-MAJOR DES TROUPES DE L'INDO-CHINE

EN VENTE

à

PARIS | **LIMOGES**
11, *place St-André-des-Arts* | 46, *Nouvelle route d'Aix*

IMPRIMERIE ET LIBRAIRIE MILITAIRES
Henri CHARLES-LAVAUZELLE
ÉDITEUR
—
1891

PUBLICATION DE LA REVUE DU CERCLE MILITAIRE

LES
GRANDES VOIES COMMERCIALES
DU TONKIN

PAR

Le Capitaine DEVREZ
DE L'ÉTAT-MAJOR DES TROUPES DE L'INDO-CHINE

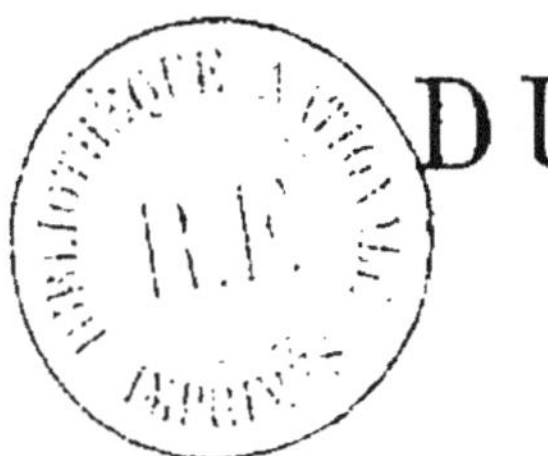

EN VENTE

à

| **PARIS** | **LIMOGES** |
| 11, *place St-André-des-Arts* | 45, *Nouvelle route d'Aix* |

IMPRIMERIE ET LIBRAIRIE MILITAIRES

Henri CHARLES-LAVAUZELLE
ÉDITEUR

—

1891

LK 10
289

AVANT-PROPOS

BIBLIOTHÈQUE R.F.

L'idée première qui a dirigé les efforts des explorateurs français vers le Tonkin a été la recherche d'une nouvelle route commerciale permettant d'atteindre le Sud-Ouest de la Chine et principalement le Yunnan.

Le remarquable voyage de Doudart de Lagrée et de Garnier avait démontré qu'il ne fallait plus songer au Meh-kong, mais que les efforts pouvaient se porter sur le Fleuve rouge avec de certaines chances de succès. C'est un autre Français, Jean Dupuis, qui eut l'honneur de prouver, le premier, la praticabilité de cette voie navigable. Tout le monde connaît les événements qui nous amenèrent au Tonkin. La guerre avec la Chine, la lutte contre les pirates nous firent perdre de vue, par la suite, le principal objectif. L'apaisement réel de ces dernières années a permis enfin de songer à la mise en valeur des artères commerciales qui font du Tonkin une des contrées les plus importantes de l'Extrême-Orient, au point de vue du transit.

Au moment où toutes les nations européennes cherchent de nouveaux débouchés pour leur commerce, il n'est pas sans intérêt de constater la position privilégiée que nous occupons en Asie.

Dans le travail qui va suivre, nous montrerons les efforts faits par les Anglais, maîtres de toute la Birmanie, pour rétablir avec le Yunnan les relations commerciales existant autrefois; leurs tentatives pour établir dans ce but, à travers les États Shans et le Siam, des voies ferrées; les causes qui les ont forcés à y renoncer momentanément. Nous jetterons un rapide coup d'œil sur les projets siamois qui semblent devoir aboutir prochainement à un commencement d'exécution. A côté de cela, nous montrerons le Tonkin possesseur de débouchés faciles et importants sur le Meh-kong et vers le Sud-Ouest du Yunnan.

Puis, la situation géographique de cette province bien reconnue, ses richesses constatées, nous verrons les routes utilisées par les Chinois pour y parvenir. Enfin, nous terminerons en indiquant la supériorité des voies naturelles du Tonkin par lesquelles on peut aboutir non seulement au Yunnan, mais monopoliser la plus grande partie du commerce du Quang-Si.

LES

GRANDES VOIES COMMERCIALES

DU TONKIN

Ire PARTIE

§ 1. — BIRMANIE ET SIAM.

Grandes routes commerciales vers les États Shans et le Sud-Ouest du Yunnan. — Chemins de fer projetés.

1. — *Premiers efforts des Anglais pour relier la Birmanie au Yunnan.* — Dès que les Anglais se furent emparés de la Birmanie, leur première pensée a été de profiter de la situation privilégiée de ce pays pour s'ouvrir de nouveaux débouchés commerciaux dans le Yunnan, le Laos et le Siam.

Ces pays ont été autrefois fort prospères et très peuplés. Les travaux des Rocher, des Garnier, des Colqhoun, etc., en ont démontré l'incroyable richesse minière. Tous les genres de cultures peuvent y être entrepris avec succès, et certaines régions produisent les espèces de cardamone, de benjoin et de canelle les plus recherchées. Malgré l'insurrection musulmane et les guerres intestines, qui ont ravagé depuis de longues années la presqu'île indo-chinoise et le Yunnan, ces pays sont encore susceptibles de revenir rapidement à leur ancienne prospérité. Telles sont les raisons qui ont engagé les Anglais à lancer leurs explorateurs et leurs ingénieurs à la recherche des meilleures routes à créer. Les chambres de commerce britanniques et l'État indien ont fourni de nombreux subsides. Nous allons résumer en quelques pages les résultats de ces explorations.

2. — *Bhamo à Tali-Fu par Momein.* — *Utilisation de la route actuelle dite : « Chemin des Ambassadeurs ».* — C'est tout d'abord en Birmanie même que nos voisins ont commencé à développer très rapidement routes et chemins de fer. Dès qu'ils eurent pris possession de la Haute-Birmanie, les Anglais s'occupèrent immédiatement de la relier avec la Basse-Birmanie qu'ils occupaient déjà depuis longtemps ; une voie ferrée fut construite de Rangoon à Mandalay.

Cette dernière capitale a été atteinte à la fin de 1888 et maintenant les travaux sont activement poussés vers Bhamo. Dans peu d'années, il est fort probable que cette ville elle-même sera reliée à l'Inde par un railway traversant les montagnes de l'Assam.

S'étant ainsi assurés dans leur nouvelle conquête des communications intérieures, commodes et rapides, les Anglais se sont alors occupés d'aborder le Yunnan en utilisant la « *Route des Ambassadeurs* », qui va de Bhamo à Tali-Fu. C'était la route suivie jadis par les ambassadeurs birmans quand ils allaient, à périodes fixes, présenter le tribut dû par leur souverain à l'Empereur de Chine. De Tali-Fu, ils gagnaient Yunnan-Fu, puis la vallée du Yang-tsé-kiang, qu'ils descendaient ensuite jusqu'à Pékin,

Cette route était également suivie depuis un temps immémorial par les caravanes commerciales circulant entre la Birmanie et le Yunnan. Mais elle avait été complètement abandonnée depuis une dizaine d'années, à cause des nombreux conflits surgissant sans cesse entre les marchands et les tribus des Kachyens, peuplades aborigènes dont elle traverse le territoire. Les Kachyens s'étaient habitués à exiger des caravanes des droits de péage fort élevés, et les marchands, quand ils se trouvaient en force, se refusaient à les acquitter. Il en résultait des combats continuels et, après l'anéantissement de plusieurs caravanes, les négociants chinois et birmans avaient renoncé à tout commerce entre Tali-Fu et Bhamo.

Les Anglais, toujours pratiques, ont pensé de suite à utiliser cette route, quoique les transports s'y fassent par animaux de bât. Après de longues négociations, ils sont parvenus, au commencement de 1890, à établir un *modus vivendi* avec toutes les tribus dont les territoires sont traversés par la route. Celles-ci se sont engagées, non seulement à laisser circuler les caravanes sans leur imposer des droits de péage plus ou moins arbitraires, mais encore à entretenir la route en bon état.

En revanche, les négociants paieront certaines sommes qui seront perçues à Bhamo par les autorités anglaises, et proportionnellement réparties par celles-ci entre tous les chefs réunis en assemblée périodique. Tout chef coupable d'avoir violé cette convention sera passible de la perte de sa part et du châtiment que les autres chefs et les autorités anglaises jugeront à propos de lui infliger.

En outre, le gouvernement anglais s'est engagé à verser en adjonction des droits de péage une somme fixe par troupeau de bétail entrant à Bhamo, *via* Momein. Il a promis de plus aide et protection contre tout ennemi extérieur aux tribus adhérant à la convention (1).

Nous avons cru devoir attirer ainsi l'attention sur la manière dont les Anglais utilisent en Birmanie les voies existantes, préoccupés avant tout de rétablir d'abord le courant commercial entre ce pays et la Chine. Dans cette circonstance ils ont fait preuve d'un sens pratique remarquable. C'est un exemple bon à suivre et qui peut être de quelque utilité pour notre colonie indo-chinoise.

3. — *Projet de chemin de fer de Bhamo à Tali-Fu.* — Quant à relier directement Bhamo à Tali-Fu

1. *London and China Express* (7 mars 1890).

par une voie ferrée, on y a songé tout d'abord, mais ce projet a dû être complètement abandonné. L'établissement de ce chemin de fer nécessiterait en effet le percement d'une demi-douzaine de tunnels comparables à celui du Mont-Cenis, et l'établissement d'autant de ponts gigantesques dont le prix serait considérable. Les vallées du Salwen et du Meh-kong qu'il lui faudrait traverser sont profondément encaissées et présentent des différences de niveau de plus de deux mille mètres. Il serait en outre nécessaire de franchir plusieurs de leurs affluents, véritables torrents coulant à des profondeurs considérables. La simple création d'une route carrossable paraît elle-même devoir présenter des difficultés insurmontables. Telle est du moins l'opinion de MM. Colqhoun et Colborne Baber, les célèbres explorateurs anglais qui l'ont parcourue et dont la bonne foi ne peut être mise en doute (1).

4.— *Mandalay à Tali-Fu par Theebau.—Projets divers.*— La deuxième solution pour relier la Birmanie à la Chine serait de construire un chemin de fer partant de Mandalay, et remontant la vallée du Dutawaddi par Theebau, Lashio jusqu'à Theinnee. De cette ville, on pourrait gagner au nord le chemin des Ambassadeurs et ensuite Tali-Fu par la route directe venant de Bhamo; ou bien l'on inclinerait vers l'Est et l'on franchirait le Sal-

---

1. Railways rivaux au Yunnan (*China Mail* du 25 avril 1890).

wen pour atteindre Muang-lon et ensuite Xien-Hong sur le Meh-kong (1).

Dans le premier cas, la voie ferrée rencontrera les mêmes obstacles que la ligne directe Bhamo-Tali : nous venons de reconnaître que ceux-ci étaient insurmontables. Dans le second, si on la lance vers Muang-lon et Xien-Hong à travers les pays shans, on s'écartera du Yunnan. Dans cette région, les affluents du Meh-kong et du Salwen creusent en effet de profondes vallées, séparées entre elles par de hautes chaînes qu'aucune voie commerciale n'a jamais franchies.

Toutefois les premiers voyageurs anglais qui avaient parcouru le plateau shan étaient fort partisans d'une ligne directe sur Xien-Hong et ils en prônaient encore tout dernièrement la construction. En présence du mouvement d'opinion déterminé par leurs récits, M. Bagley, ingénieur du gouvernement anglais, a été chargé officiellement d'une première étude. Mais il s'est heurté dès le début à des difficultés considérables. L'idée qu'on se faisait du plateau shan était, ainsi qu'il l'a démontré, complètement erronée. Au lieu d'un terrain légèrement ondulé comme auraient pu le faire croire les premières relations, on y trouve une succession constante de collines et de vallées à travers lesquelles la construction d'un chemin de fer rencontrerait une série continue d'obstacles et serait excessivement coûteuse (2).

---

1. *Report of the railway connexion of Burmah and China by Colqhoun and Hallet* (Allen, Scott and C°, London.)

2. *Hong-Kong Daily Press*, 1er juillet 1890.

5. — *Hlinedet à Xien-Hong par Mone.* — Parlons enfin pour mémoire d'un projet qui consisterait à s'embrancher sur les lignes birmanes au col de Hlinedet pour rejoindre Xien-Hong par Mone, Tacau et Xien-Tong. Nous ne nous y arrêterons pas : un chemin de fer suivant cette direction devrait traverser un nombre incalculable de vallées, et coûterait encore beaucoup plus cher que toutes les voies précédemment étudiées (1).

6. — *Impossibilité de relier directement la Birmanie au Yunnan par une voie ferrée.* — En résumé, vouloir relier directement la Birmanie au Yunnan par une voie ferrée est un projet des moins pratiques, pour ne pas dire irréalisable. Et en supposant qu'une pareille ligne trouve jamais dans le Sud-Ouest du Yunnan des éléments de trafic suffisants, il faudrait, en tous cas, tenir compte des énormes dépenses causées par les frais de premier établissement, et par ceux non moins considérables de l'exploitation. On dépenserait certainement beaucoup pour des bénéfices absolument aléatoires.

7. — *Birmanie au Yunnan par le Siam.* — En présence de l'impossibilité d'exécution de ces projets directs, une dernière solution se présentait: passer par le Siam et les pays shans en débouchant du port de Moulmein, et gagner de là les vallées du Meh-ping et du Meh-nam que suivront un jour

1. *Report by Colqhoun and Hallet,* (déjà cité).

ou l'autre les lignes siamoises. Tel est le projet présenté et étudié par MM. Colqhoun et Hallet. C'est réellement celui qui paraît être le plus pratique.

Mais il ne peut être question d'en venir à l'exécution avant que les chemins de fer siamois aient été entrepris : là aussi les Anglais ont essayé de mettre une main envahissante ; mais il ne paraît pas qu'ils aient encore réussi jusqu'à présent.

Toutefois des projets ont été émis, des études sérieuses ont été faites sur le terrain par des commissions d'ingénieurs britanniques ; et, avant de passer à l'examen de la manière dont les Anglais comptent essayer de relier la Birmanie au Yunnan, *viâ* Moulmein, il est nécessaire de jeter un coup d'œil sur les lignes siamoises projetées.

8. — *Projets de chemins de fer siamois.* — La route commerciale entre le Yunnan et le Siam est bien tracée. Elle est suivie tous les ans par les musulmans du Yunnan allant au pèlerinage de la Mecque. Ceux-ci descendent sur Xien-Hong et passent par Xieng-Raï, Muong-Pray et Outaradit.

De ce dernier point ils se dirigent. soit sur le port de Moulmein par voie de terre, soit sur Bangkok par le Meh-nam, dont la navigation se fait assez facilement par les steamers de petite dimension, pendant la saison des pluies, mais qu'on ne peut pas remonter, de janvier à juin, à plus de 95 kilomètres au-dessus de Bangkok, même en utilisant les embarcations indigènes de la plus petite dimension (1).

Cette route a tout d'abord été étudiée par les commissions d'ingénieurs qui ont fonctionné pendant l'hiver 1888-1889. Les travaux ont porté sur une ligne principale allant de Bangkok à Xieng-Maï et passant par Bang-Pa-Ju, Ayutia. Phra-Cat, Lop-Bouri, Pakyam-Pah, Outaradit, Muong-Pray, Lakone et Lampoone. En même temps, trois embranchements ont été reconnus : l'un direct, de Bangkok à Khorat; le deuxième, de Outaradit à Tha-Dua (près de Louang-Prabang) et le troisième, de Xieng-Maï à Xieng-Raï et Xieng-Sen (2).

Tout fait supposer que, dans l'avenir, quand la question des chemins de fer siamois sera définitivement résolue, ces lignes seront les premières exécutées. Les ingénieurs anglais ont choisi les tracés les plus faciles et susceptibles de donner le trafic le plus rémunérateur. Mais quant à pouvoir indiquer l'époque à laquelle leur construction sera commencée, nous l'ignorons, et les Anglais eux-mêmes n'ont pas grande confiance dans leur prochaine ouverture. L'humeur capricieuse et changeante des hauts dignitaires siamois ne permet pas de prévoir à quoi l'on s'arrêtera (3).

Toutefois, à l'époque à laquelle nous écrivons, (janvier 1891), d'après les renseignements fournis par les journaux anglais, le gouvernement de Siam

1. *Siam.* — Brochure de Mac Carthy.
2. *China Mail.* — 9 Février 1889.
3. *London and China Express.* — 15 Décembre 1889.

aurait décidé la construction d'une ligne de Bangkok à Khorat; les fonds seraient trouvés, et les premiers travaux devraient commencer dans un bref délai. Mais ce sont des maisons allemandes qui ont en ce moment la faveur du gouvernement. Elles seraient chargées de la fourniture du matériel et de la pose de la voie, au grand détriment des maisons anglaises qui comptaient trouver au Siam de nouveaux débouchés pour leurs produits.

9. — *Projet Colqhoun et Hallet tendant à relier les chemins de fer birmans aux lignes siamoises pour arriver au Yunnan.* — C'est toutefois de l'établissement du réseau siamois que dépend l'exécution du projet Colqhoun et Hallet, dont nous allons exposer rapidement les grandes lignes.

La voie ferrée proposée par les deux ingénieurs anglais partirait de Moulmein, près de l'embouchure du Salwen. En franchissant une ligne de hauteurs qui ne dépassent pas 650 mètres, elle atteindrait la ville de Raheng, sur le Meh-ping. Là elle se relierait au réseau siamois, et l'on gagnerait ainsi Xieng-Sen, sur le Meh-kong, point terminus reconnu par les ingénieurs de la commission anglo-siamoise.

Mais Colqhoun est plus ambitieux.

C'est le Yunnan qu'il vise avant tout. Aussi projette-t-il de faire suivre à son chemin de fer la rive droite du Meh-kong jusqu'à Xien-Hong, le grand marché central d'échange des pays shans avec le Siam et le Yunnan. Puis il veut traverser la frontière chinoise vers Ssu-mao, remonter à

— 15 —

Pou-euhr, franchir les hauteurs qui séparent cette ville de la vallée du Papien (Haute Rivière Noire), suivre le Papien jusqu'à moitié route de Tali-Fu et de là aboutir à Yunnan-Fu, la capitale du Yunnan.

« De Yunnan-Fu, ajoute-t-il, la voie ferrée suivrait la crête du plateau d'où sortent les petits affluents sud du Yang-tsé, et arriverait ensuite à ce fleuve.

« Du point où elle toucherait le Yang-tsé, une série de lignes permettrait d'arriver à la riche et nombreuse population de la province de Sétchouen, par plusieurs directions.

« D'autre part, entre Yunnan-Fu et le Yang-tsé, il existe de nombreuses houillères qu'on pourrait mettre en exploitation à peu de frais, ainsi que les mines de cuivre, d'argent et d'étain, qui alimenteraient le chemin de fer à son grand profit » (1)

La longueur totale de la ligne de Moulmein à Yunnan-Fu serait de 1.500 kilomètres au minimum ; et il en faudrait parcourir 700 pour atteindre le Meh-kong à Xieng-Sen, point terminus de la navigation sur ce fleuve.

La ligne de Colqhoun drainerait, outre les produits du Yunnan, ceux des pays shans ; elle y introduirait les produits anglais.

Mais elle traverse un pays tantôt mamelonné et tantôt inondable, Il serait à craindre que les profits ne fussent bien inférieurs à ceux donnés actuellement par les lignes de Birmanie, où le terrain n'a présenté que fort peu d'obstacles naturels.

1. *Report by Colqhoun and Hallet* (déjà cité).

10. — *Abandon momentané des projets de chemins de fer anglais dans la presqu'île indo-chinoise.* — Quelles que soient les brillantes perspectives que les explorateurs et voyageurs anglais aient fait miroiter aux yeux de leurs compatriotes, il est certain que tous ces projets de chemins de fer rentrent, au point de vue d'une prochaine exécution, dans le domaine de la haute fantaisie.

Que coûterait la main-d'œuvre dans ces pays? Quels appointements ne faudrait-il pas donner aux ingénieurs et aux surveillants européens qui dirigeraient les travaux? Sans compter que les pays shans de la rive droite du Meh-kong sont loin d'être soumis et qu'ils ont toujours été à peu près indépendants du Siam, de la Birmanie et de la Chine.

Aussi les Anglais, gens sages et fort pratiques, ont-ils renoncé d'eux-mêmes, pour le moment, à toute idée d'extension vers la Chine au moyen de voies ferrées. Ils se contentent d'entretenir le courant commercial existant entre le Céleste Empire et la Birmanie, remettant à plus tard la création de chemins de fer qui coûteraient beaucoup sans que les profits puissent être bien nettement prévus.

« Et en attendant, disent-ils, nous avons un beau champ d'exploitation dans la Birmanie elle-même, en développant ses ressources par le peuplement et l'amélioration de ses voies de communication (1). »

---

1. *Hong-Kong Daily-Press.* — 10 juillet 1890.

§ 2. — TONKIN.

Grandes routes commerciales vers les États shans, le Meh-kong, et le Sud-Ouest du Yunnan. — Leur utilisation actuelle. — Comparaison entre les routes birmanes, siamoises et tonkinoises.

Nous venons de voir les efforts faits par les Anglais pour atteindre le Yunnan et les pays shans. En somme, nos concurrents n'ont abouti à rien ; ils en sont réduits à laisser exploiter par les négociants chinois et siamois la route de Bhamo à Tali-Fu et celle de Moulmein à Xien-Hong par Xieng-Maï. Enfin, dans le Siam, en attendant les chemins de fer dont on annonce tous les six mois la prochaine construction, sans les voir jamais commencer, les caravanes venant de Xien-Hong, Louang-Prabang ou Kemmarat amènent à Bangkok les précieuses épices récoltées sur le bord du Meh-kong et de ses affluents.

Xien-Hong est un marché des plus importants, et il ne faut pas être étonné de voir les yeux des Anglais toujours fixés sur ce centre commercial de la presqu'île indo-chinoise, de même qu'ils espèrent s'emparer un jour ou l'autre du commerce de l'Ouest du Yunnan, région qui est, suivant eux, la plus riche de cette province.

Mais vers Xien-Hong, comme vers l'Ouest du Yunnan, le Tonkin possède des débouchés autrement pratiques et faciles que ceux dont les Anglais pourront jamais disposer. C'est ce que nous allons démontrer, abandonnant pour un moment l'Est du Yunnan, pour lequel nous nous trouvons, grâce au Fleuve Rouge, en concurrence avec les lignes commerciales chinoises, et dont nous nous occuperons spécialement dans la deuxième partie de ce travail.

1. — *La Rivière Noire.* — Le Meh-kong et le Yang-tsé-kiang qui descendent du plateau thibétain, en coulant d'abord parallèlement au Sud-Est, séparés par une seule chaîne de montagnes, se bifurquent en arrivant vers la frontière de la Chine proprement dite. La province du Yunnan occupe le plateau situé dans l'angle ainsi formé, et constitue une région à la fois montagneuse et lacustre. De nombreux cours d'eau y prennent naissance et forment autant de voies de pénétration qui permettent d'aborder cette partie écartée du Céleste Empire ; nous noterons en particulier la Rivière Noire, le Fleuve Rouge, et la Rivière de Canton, qui prend successivement les noms de Yéou-kiang et Si-kiang.

De ces trois grandes routes commerciales, la Rivière Noire est celle qui donne accès vers l'Extrême-Ouest du Yunnan. Ses sources sont en Chine au sud du lac de Tali. Elle traverse d'abord le Yunnan, où elle est connue sous le nom de Papien, arrosant une belle vallée encore déserte et ruinée par l'insurrection musulmane, mais portant les traces indiscutables d'une ancienne et très grande prospérité. L'explorateur anglais Colqhoun, qui l'a remontée dans presque toute son étendue, y a trouvé les vestiges d'une fort belle route qu'on rendrait carrossable à peu de frais.

Le Papien pénètre ensuite dans le Tonkin à Muong-Nhé où peuvent remonter les petites pirogues. Il prend alors le nom de Rivière Noire. Un peu plus au sud, à Laï-Chau, commence la navigation pour les grandes pirogues. Enfin, à 200 kilomètres plus bas, nous trouvons Cho-Bo (en annamite : *marché aux bœufs*) station terminus de la Compagnie subventionnée des Messageries fluviales du Tonkin ; les vapeurs de cette compagnie y font un service régulier hebdomadaire.

Ceux-ci pourraient même remonter en amont de Cho-Bo. Mais à partir de ce point, la navigation devient des plus pénibles. A Cho-Bo existe un fort rapide qui a toutefois été franchi par le *Leygue* en 1888. Le *Leygue* a pu remonter ensuite jusqu'au rapide Tha-Koa au-dessus de Van-Yen. Mais, trompé par une crue subite, son pilote l'a conduit dans un chenal impraticable ; une baisse fort rapide l'a laissé échoué sur des rochers où il s'est brisé. Le *Leygue*, vieille chaloupe, avait été un peu sacrifié, et sa machine, encore suffisante pour les eaux tranquilles du Delta, était trop faible pour vaincre les courants un peu torrentueux de la Rivière Noire, mais dont la vitesse ne dépasse pas toutefois six à sept nœuds.

Cette tentative n'a pas été renouvelée ; mais depuis, la reconnaissance de la Rivière Noire a été faite complètement. Il est maintenant démontré qu'avec quelques travaux, on pourrait la rendre praticable. Les expériences faites, sur le Fleuve Rouge, par les nouveaux vapeurs à grande vitesse et à faible tirant d'eau de la Compagnie des Messageries fluviales, prouvent qu'il sera facile de résoudre ce problème quand on en aura l'intention bien arrêtée et que le besoin s'en fera réellement sentir.

A partir de Cho-Bo, la Rivière Noire, qui avait coulé toujours vers le Sud-Est, se relève brusquement vers le Nord pour se jeter dans le Fleuve Rouge, un peu en aval d'Hong-Hoa.

2. — *Le commerce actuel sur la Rivière Noire.* — *Laï-Chau.* — En dehors de Cho-Bo, le point le plus remarquable de la Rivière Noire est Laï-Chau. C'est en effet le port obligé du transit vers la Chine, les pays shans et la principauté de Louang-Prabang.

Jusqu'à présent le commerce extérieur ne s'est pas encore développé. Mais, depuis la pacification de cette partie du Tonkin, le commerce est allé sans cesse en augmentant sur les bords de la Rivière Noire.

En deux ans, plus de 400 pirogues ont été construites et font actuellement la navette entre Laï-Chau, Cho-Bo et Hanoï. Elles accomplissent en moyenne quatre à cinq voyages par an. (Il faut vingt-cinq à trente jours pour remonter de Cho-Bo à Laï.) Chaque pirogue portant en moyenne une tonne et demie, cela donne un mouvement annuel de 2.000 à 2.500 tonnes. Avec la progression qui ne cesse pas, on peut compter dans quelques années sur un mouvement de 6.000 tonnes.

Le transit s'augmentera d'ailleurs bien davantage, lorsqu'on mettra en exploitation régulière quelques-uns des nombreux gisements miniers de toutes sortes qui ont été reconnus ces derniers temps sur les bords de la Rivière Noire.

3. — *Principaux éléments de trafic par la Rivière Noire entre le Tonkin et le Sud-Ouest du Yunnan.* — Il nous reste maintenant à examiner le commerce d'importation et d'exportation qui peut se faire par la Rivière Noire, entre le Tonkin et les pays limitrophes.

Tout d'abord, en ce qui concerne le Yunnan, une des espèces de thé les plus recherchées en Chine se récolte dans les environs de Pou-eurh, préfecture du Sud-Ouest de la province. Cette précieuse denrée est actuellement dirigée par Yunnan-Fu, soit sur Chung-king, port du Yang-tsé-kiang, et embarquée de là à destination de Pékin ou de Shang-haï, soit sur Pai-See, port terminus de la Rivière de Canton.

Or, de Pou-eurh à Chung-king, il faut cinquante jours de portage par voie de terre, et de Pou-eurh à Pai-See, quarante cinq jours. *De Pou-eurh à Laï-Chau, il en faut à peine quinze.*

D'après les chiffres fournis par la douane chinoise intérieure de Lao-Oua-Tan, au sud du Yang-tsé, par laquelle transitent les marchandises du Yunnan à destination de Chung-king, la valeur du thé de Pou-eurh exporté chaque année est de deux millions environ (1). Par Pai-Sec il en passe la même quantité. C'est donc un total de quatre millions de thé, récolté chaque année dans le Sud-Ouest du Yunnan, qui doit prendre un jour ou l'autre le chemin du Tonkin.

D'ailleurs on peut espérer voir se rétablir d'ici peu le courant commercial « qui existait autrefois « entre le Sud-Ouest du Yunnan et le Tonkin, « avant l'insurrection musulmane et la dernière « guerre des Français et des Chinois » (2). Déjà au printemps de 1890, un négociant chinois de Ssu-mao, venu en explorateur à Laï-Chau, annonçait l'intention de revenir cet hiver avec une caravane de petits chevaux porteurs. Il est probablement en route à l'heure actuelle.

Avec le thé, l'opium et les métaux sont les principaux objets d'exportation. On importe au Yunnan le sel, les cotonnades, l'horlogerie, les savons, enfin tous les menus objets d'échange utilisés dans l'Extrême-Orient.

Si nous faisons preuve d'un peu d'initiative commerciale, dans quelques années toutes les populations de ces pays n'utiliseront plus que des marchandises françaises. Elles ne s'habilleront plus qu'avec des cotonnades fabriquées en France ou au Tonkin par des industriels français. Ce n'est pas d'ailleurs dans un autre but que M. Bourgoin-Meiffre, négociant d'Hanoï, a entrepris une vaste

1. *Report by M. Bourne of a journey in Sud-Western China presented to both houses of Parliament by command of her Majesty. (Juin 1888).*

2. Même rapport.

plantation de coton à Thu-Phap, sur les bords de la Rivière Noire et se dispose à monter à Hanoï filature et tissage. C'est un exemple bon à suivre, et les débouchés ne manqueront pas, sans qu'il soit nécessaire aux négociants de se faire une mutuelle concurrence.

4. — *Route vers Xien-Hong et les pays shans.* — Laï-Chau est également en relations directes avec Xien-Hong et les pays shans par une route muletière fort praticable, qui s'embranche à Muong-Treng sur celle de Laï-Chau à Dien-Bien-Phu. De Muong-Treng, on gagne Pou-Phang sur l'extrème limite de la frontière tonkinoise. A partir de Pou-Phang, la route court sur le territoire des Sib-Song-Phan-Na (pays des 12.000 rizières), plateau habité par des tribus indépendantes, et en grande partie de race thaï, la même qui peuple les bords de la Rivière Noire. On passe à Muong-Ou sur le Nam-Ou, point extrème de la navigation sur cet affluent du Meh-kong, et où il existe des salines importantes. Enfin de Muong-Ou l'on arrive à Xien-Hong par une route très bonne où chaque étape est marquée par un village.

La durée du trajet se décompose ainsi:

Laï-Chau à Muong-Treng . . . . 1 jour
Muong-Treng à Pou-Phang. . . . . . . 8 —
Pou-Phang à Muong-Ou. . . . . 3 —
Muong-Ou à Xien-Hong. . . . . 8 —

Total   20 jours

Nous avons vu d'autre part qu'il fallait également 20 jours pour remonter de Cho-Bo à Laï. Cho-Bo est à 24 heures d'Hanoï par bateaux à vapeur. C'est donc un trajet total d'une durée de 41 jours pour aller d'Hanoï à Xien-Hong, tandis que ce grand marché est à 120 jours de Bangkok, à 90 jours de Rangoon et à 95 jours de Canton.

Au point de vue des commodités des transports, la route de Laï à Xien-Hong est d'un parcours relativement facile pour les caravanes de porteurs et d'animaux de bât, les seules en usage dans toutes les parties de l'Asie.

Pendant la bonne saison de 1890, sous l'énergique impulsion de M. le lieutenant-colonel Pennequin, vice-résident militaire de la province de Son-La, la portion de route située sur le territoire tonkinois entre Laï-Chau et Pou-Phang a été complètement aménagée. Ces travaux ont été exécutés sous la direction du Quan-Chau (chef de canton) de Laï, par la corvée et les soins des chefs indigènes. Le chemin, bien tracé, avec de nombreux ponts, est partout accessible aux chevaux. C'est un travail considérable qui ne nous a rien coûté. M. Vacle, attaché à la Commission d'études et d'exploration du Haut-Laos (mission de M. le consul Pavie), a poussé, au mois de décembre 1890, à travers les Sib-Song-Phan-Na, jusqu'à Muong-Ou, seul avec un domestique indigène. Partout il a reçu le meilleur accueil des populations.

Cette route est donc courte, pratique et sûre. Elle doit nous permettre de créer également de ce côté un courant commercial qui aura son débouché naturel par la Rivière Noire à travers le Tonkin.

5. — *Route de Laï-Chau à Louang-Prabang et au Meh-kong par Dien-Bien-Phu.* — Enfin Laï-Chau est en relation directe avec Louang-Prabang, capitale de la principauté du même nom.

Pour parvenir à cette importante cité de 30.000 habitants, il faut, en quittant Laï-Chau, gagner Dien-Bien-Phu par une bonne route muletière. Le trajet dure cinq jours. Arrivé à Dien-Bien-Phu, notre poste militaire extrême dans cette partie du Tonkin, l'on s'embarque sur le Nam-Ngoa, affluent du Nam-Ou. On descend ensuite, toujours en bateau, le Nam-Ou jusqu'à Louang-Prabang, où celui-ci se jette dans le Meh-kong.

Disons en passant que le Nam-Ou, navigable sur presque tout son cours, ouvre vers le Nord une voie de communication assez fréquentée entre le Yunnan et la grande cité laotienne. Il forme ainsi une de ces routes transversales si importantes pour la prospérité des grandes artères commerciales qu'elles relient entre elles.

Là encore nous pouvons donc constater l'énorme supériorité de la route tonkinoise, car la voie d'eau sera toujours la plus économique, et les cinq jours de portage de Laï-Chau à Dien-Bien-Phu ne sont pas à comparer avec les longues et pénibles étapes qu'il faut parcourir à travers le pays siamois pour aller de Bangkok à Louang-Prabang.

Actuellement les objets européens amenés dans cette ville par les caravanes siamoises s'y vendent cent pour cent plus cher qu'au Tonkin, et le prix du transport d'Hanoï à Louang-Prabang ne dépasse pas vingt-cinq pour cent de la valeur des marchandises. Il y a donc là un bénéfice net de soixante-quinze pour cent pour nos commerçants. C'est d'ailleurs le gain réalisé par M. Macey, qui accompagnait en 1890 la mission Pavie comme représentant du syndicat du Haut-Laos (réunion française de négociants) et qui avait apporté avec lui une pacotille à titre d'essai. Une partie des marchandises a été cédée à des habitants des bords de la Rivière Noire, mais le plus gros stock a été écoulé avec rapidité sur le marché de Louang-Prabang.

Nous avons déjà signalé cette région du Meh-kong comme étant le pays des épices précieuses. Louang-Prabang en est le principal marché ; il s'y vend tous les ans pour plus d'un million du meilleur benjoin. De plus, en descendant le Meh-kong, qui est navigable à partir de Xieng-Sen pour les bateaux à vapeur, on trouve une riche vallée peuplée de deux ou trois millions d'habitants. Thadua, Houtène, Lakhone, Kemmarat sont autant de ports importants où nous pouvons créer des comptoirs d'échange. Dans peu de temps, grâce à l'initiative de M. le consul Pavie, des agents officiels français y seront installés pour faire respecter les droits de nos nationaux.

6. — *Route vers le Meh-kong par Vinh et Lakhone.* — La route de Laï-Chau à Louang-Prabang n'est

pas la seule dont nous disposions pour arriver au Meh-kong.

En atteignant l'Annam, ce fleuve se rapproche de la mer et, à Lakhone, il ne s'en trouve distant tout au plus que de 170 kilomètres.

Jusqu'à ces derniers temps, l'on ignorait qu'on pût facilement gagner le Meh-kong en débouchant de la côte d'Annam. Les travaux de la mission Pavie ont permis d'éclaircir ce point d'une manière complète, et une route directe a été reconnue entre Vinh et Lakhone.

Partant de Vinh on remonte d'abord en sampans (1) le Ngoï-Sau, puis son affluent le Ngoï-Pho jusqu'à Ha-Traï, point extrême de la navigation. Là on prend la voie de terre, l'on franchit la ligne de partage des eaux, et, en cinq jours, on gagne Bang-Nha-Hen où commence la navigation sur le H.-Sui-Bun, affluent du Meh-kong. En quatre ou cinq jours, l'on descend cette rivière pour arriver à Lakhone, située près de son confluent avec le fleuve. C'est la route la plus courte entre la mer et le Meh-kong.

Dans l'état actuel des communications, il est possible aux négociants désireux d'explorer la Rivière Noire et le Meh-kong de faire facilement et à peu de frais le tour suivant :

Partir de Hanoï, gagner Cho-Bo en vapeur, remonter la Rivière Noire jusqu'à Laï-Chau en pi-

---

1. Légères embarcations à rames et à voiles employées sur les rivières tonkinoises et annamites. *Sann pann*, mot à mot : trois planches, en sinico-annamite. Une planche pour le fond et deux pour les côtés.

rogue, atteindre Louang-Prabang par Dien-Bien-Phu, descendre le Meh-kong en visitant tous les ports jusqu'à Lakhone, remonter ensuite à Bang-Nha-Hen, gagner Ha-traï et enfin Vinh où l'on trouve un vapeur faisant un service régulier avec le Tonkin.

Pour accomplir cet énorme trajet de 1.800 kilomètres, il ne faut pas plus de 10 jours de route de terre, qu'on peut accomplir facilement soit en palanquin, soit à cheval, soit à dos d'éléphant. Tout le reste du trajet peut se faire par eau.

C'est un voyage circulaire merveilleux, peu coûteux et peu fatigant. Qu'est-ce à côté des milliers de kilomètres à parcourir à dos d'éléphant, dans le Siam, pour atteindre Louang-Prabang et le Meh-kong?

7. — *Sécurité des voies commerciales de pénétration vers le Yunnan, les pays shans et le Meh-kong.* — Il ne suffit pas de posséder des routes commerciales de terre ou d'eau parfaitement praticables et courtes. Il faut encore qu'elles offrent la sécurité au négociant et au voyageur

On a tellement parlé de la piraterie au Tonkin, et on en a tant exagéré les conséquences qu'on pourrait croire indispensable de circuler bien armé et bien escorté sur les routes précédemment étudiées. Il n'en est heureusement rien, à l'époque actuelle, en ce qui concerne les routes aboutissant dans le Sud-Ouest de la Chine et au Meh-kong.

En 1888, 1889 et 1890 tous les officiers topographes de la mission Pavie ont exécuté leurs travaux dans le bassin du Meh-kong le plus paisiblement du monde, sans escorte, accompagnés simplement de quelques porteurs et de leurs domestiques indigènes. Ils ont été reçus fort hospitalièrement par les populations laotiennes qui leur ont fait le meilleur accueil.

Quand nous avons commencé à pénétrer dans le bassin de la Rivière Noire, en 1887, nous y avons trouvé quelques bandes chinoises, « les Hos », débris de l'insurrection musulmane et des Pavillons Noirs. Ces Hos, semblables à nos vieux routiers du moyen âge, étaient fort incommodes et vivaient aux dépens des populations paisibles qu'ils pressuraient. M. le lieutenant-colonel Pennequin, vice-résident militaire de la province de Son-La, estima qu'il n'y aurait pas de tranquillité possible dans le pays tant que les Hos ne seraient pas chassés ou exterminés. Il entama alors des négociations avec leurs principaux chefs dans le courant de l'année 1889, et leur proposa de les rapatrier en Chine, dans leur pays d'origine, ou de leur faire une guerre d'extermination.

Pris dans cette double alternative, les Hos optèrent pour le rapatriement. On les rassembla avec armes et bagages et ils partirent tranquillement pour la frontière du Yunnan, où les autorités chinoises prévenues les acceptèrent et leur assignèrent un territoire pour résidence. La dépense de cette exode ne s'éleva pas à plus de 4.000 piastres (16.000 francs). C'était une réelle et bien importante économie, si l'on songe que, pour combattre ces gens-là, il nous aurait fallu peut-être organiser plusieurs colonnes fort coûteuses, et encore le résultat n'eût-il pas été aussi certain.

8. — *Organisation des pays du bassin de la Rivière Noire.* — Débarrassés des Chinois, il nous restait à agir vis-à-vis des chefs indigènes installés sur la haute Rivière Noire et principalement à Laï-Chau. La première colonne qui avait traversé le pays en 1887, celle de M. le colonel Pernot, avait eu plusieurs combats à livrer, principalement aux bandes commandées par le chef Deo-Van-Tri, qui tenait dans ses mains tout le pays. Deo-Van-Tri, repoussé, se retira vers la frontière chinoise avec ses parents. Puis, ceux-ci voyant que nous nous installions définitivement dans le pays revinrent petit à petit faire leur soumission.

Vers la même époque, M. le consul Pavie eut l'habileté de faire rendre la liberté à deux jeunes frères de Deo-Van-Tri, que les Siamois avaient jadis faits prisonniers dans une expédition sur les bords de la Rivière Noire et retenaient en captivité à Bangkok. Ces jeunes gens étaient intelligents; ils ne nous avaient pas combattus et, pleins de reconnaissance, ils se mirent à notre service. On leur confia des fonctions administratives. Enfin, tout dernièrement, Deo-Van-Tri lui-même, qui n'était pas fort rassuré, — car il avait toujours combattu contre nous depuis le jour où il avait, avec ses partisans, suivi Lu-Vinh-Phoc au siège de Tuyen-Quang, — vint lui-même se mettre à notre disposition. On lui a rendu les fonctions qui étaient héréditaires dans sa famille, et il est actuellement Tuan-Phu (préfet) de Laï-Chau.

Avec Deo-Van-Tri et sa famille, nous tenons tous les habitants qui sont un peu ses serfs. Par conséquent sécurité complète. Deo-Van-Tri est d'ailleurs un fort intelligent personnage ; il a organisé, pour le transport des marchandises, des troupeaux de bœufs porteurs, fort utiles dans ces pays où les coolies sont rares. Ses pirogues sillonnent la Rivière Noire et il exécute les transports de l'administration française.

Enfin terminons en disant que toute cette région est loin d'être aussi malsaine qu'on a bien voulu le dire. Depuis deux ans, pas un des membres de la mission Pavie n'a été victime du climat. Et Dieu sait dans quelles conditions difficiles ils ont exécuté les nombreuses reconnaissances qui ont permis de dresser la carte de cette immense étendue de pays !

Le climat des bords du Meh-kong, renommé pour sa douceur, est bien meilleur que celui de la Cochinchine. Il existe en outre, au nord de la Rivière Noire, vers la Chine, des plateaux élevés, dont la température rappelle beaucoup celle de France et où l'on peut faire les mêmes cultures que dans notre pays. Le plateau de Ta-Phin, non loin de Laï, est une de ces régions fortunées : il constitue un vaste domaine agricole où l'on récolte un blé superbe.

9. — *Projets de chemins de fer français pour arriver au Meh-kong.* — Le lecteur a peut-être été

surpris, dans cette étude des voies commerciales tonkinoises, de ne pas nous voir insister sur les chemins de fer à construire, tandis que nous avons étudié en détail les projets de chemins de fer anglais et siamois.

La raison en est fort simple : au Tonkin, avec les voies navigables dont nous disposons à l'heure actuelle, des chemins de fer ne sont pas indispensables. Quand, par une intelligente persévérance, nous aurons créé un courant commercial considérable, la question des lignes ferrées se posera d'elle-même.

Rien ne presse ; comme nous l'avons constaté, les Anglais ont plutôt fait à ce point de vue un pas en arrière, et les projets de chemins de fer siamois ne sont pas prêts d'aboutir.

Toutefois, le jour où nos concurrents seront entrés franchement dans cette nouvelle voie, nous pourrons y marcher à notre tour sans crainte d'être devancés.

Pour atteindre Xien-Hong par une voie ferrée, par exemple, nous n'avons pas de Mont-Cenis à percer, ni de ponts gigantesques à lancer. Voici, à simple titre d'étude, un tracé fort bien compris, proposé par M. le commandant Fouquet, le successeur de M. le lieutenant-colonel Pennequin, comme vice-résident militaire de Son-La.

On partirait de Hong-Hoa en suivant la riche vallée de Phu-Yen, où il n'y a que des pentes très faibles. On aboutirait à Van-Yen sur la Rivière Noire, qu'on suivrait pendant 80 kilomètres environ jusqu'à l'embouchure du Nam-Mu. Arrivé vers ce point, on rencontre les hautes montagnes qui ont forcé la Rivière Noire à faire un coude vers le nord au-dessus de Laï-Chau.

M. le commandant Fouquet propose de tourner cette région difficile en remontant le Nam-Mu jusqu'à Phong-Tho. Là le chemin de fer passerait par un col bas et facile dans la vallée du Song-Na, autre affluent de la Rivière Noire, et descendrait ensuite sur Laï-Chau.

De Laï-Chau à Pou-Phang la voie ferrée rencontrerait certaines difficultés : mais les obstacles ne sont nullement infranchissables et pourraient être surmontés sans de trop grands frais. Enfin de Pou-Phang à Xien-Hong, on ne trouve qu'une vaste plaine légèrement mamelonnée. La longueur totale de cette ligne serait de 650 kilomètres.

D'autre part, pour arriver au Meh-kong en partant de la côte d'Annam, les officiers topographes de la mission Pavie ont reconnu un tracé plus long que la route actuellement suivie par Ha-Traï, mais où l'on franchirait la ligne de partage en l'un des points les moins élevés (650 mètres au-dessus du niveau de la mer). La voie ferrée pourrait remonter le Ngoï-Sau jusqu'a sa source, traverser la chaîne en un col relativement facile et descendre à Pou-Ha sur la rive gauche du Meh-kong. La longueur de cette ligne ne dépasserait pas 230 kilomètres.

Nous estimons que la construction actuelle de cette ligne, comme de celle Hong-Hoa-Xien-Hong, serait prématurée. Il faut attendre que le mouvement commercial se dessine. Cette éventua-

lité se produira peut-être plutôt sur le bas Meh
kong que vers Xien-Hong, car de Xien-Hong
Kemmarat, le fleuve forme un vaste bassin o
peuvent facilement circuler des vapeurs. Il es
probable que le pavillon français s'y montrera pro
chainement, soit qu'un steamer remonte de l
Cochinchine après avoir franchi les rapides d
Khong et de Kemmarat, soit qu'on le monte d
toutes pièces à Lakhone, après l'avoir transport
morceau par morceau des côtes de l'Annam.

Telles sont les voies ferrées que nous auron
intérêt à construire le jour où les Anglais et le
Siamois entreront dans la période active. A c
moment nous pourrons hardiment marcher d
l'avant, sûrs d'arriver bons premiers et san
craindre aucune concurrence.

Comme nous l'avons vu, par les voies de terr
et d'eau, nous avons une réelle supériorité, auss
bien pour arriver dans le Yunnan que dans les pay
shans et sur le Meh-kong. Nous n'avons pas
redouter de mécomptes. Mais il ne faut pas perdr
de temps. Le terrain est des mieux préparés. Hâtons
nous de déterminer sur le Tonkin un courant com
mercial qui deviendra tous les jours de plus en
plus important, à mesure que les pays shans et le
Yunnan, ruinés par les guerres civiles et les épidé
mies, se repeupleront et reprendront petit à peti
leur ancienne prospérité.

IIe PARTIE

§ 3. — CHINE

Grandes routes commerciales vers le Yunnan et le Quang-Si.

Dans la première partie de ce travail, nous avons examiné les voies de pénétration birmanes, siamoises et tonkinoises dans l'Ouest du Yunnan. Il nous reste à examiner maintenant les routes commerciales aboutissant au Centre et à l'Est de cette riche province. Celles-ci convergent toutes vers la capitale, Yunnan-Fu, qui est à la fois un centre politique et marchand; aussi prendrons-nous cette cité comme objectif principal dans la comparaison des distances et des facilités de communication.

Les Chinois possèdent deux grandes voies fluviales pour arriver dans l'Extrême-Ouest du Céleste Empire, le Yang-tsé-kiang et la Rivière de Canton (Yéou-kiang, puis Si-kiang).

1. — *Le Yang-tsé-kiang.* — Le Yang-tsé-kiang (*fleuve fils de l'Océan*) est le fleuve le plus impor=

tant de la Chine. Il met en effet les côtes du Céleste Empire en relation directe avec les provinces éloignées du Sétchouen, du Queïtchou et du Yunnan.

Il est navigable par les bateaux à vapeur jusqu'à I-chang (à 1.750 kilomètres de son embouchure). Il pourrait même être parcouru par des steamers d'un faible tirant d'eau jusqu'à Chung-king, à 650 kilomètres plus haut ; mais jusqu'à présent les jonques seules effectuent ce trajet. Enfin, on peut le remonter encore avec de petites jonques jusqu'à An-pien, à 300 kilomètres en amont de Chung-king.

C'est donc un parcours total de 2.700 kilomètres n'offrant que des difficultés relatives et les embarras de deux transbordements.

Une si belle voie navigable n'a pas manqué d'exciter les appétits commerciaux des Anglais, qui se sont empressés de faire comprendre I-chang parmi les ports ouverts par les Chinois au commerce étranger. Mais leur ambition a été plus loin et, en 1890, ils ont réclamé l'ouverture de Chung-king dans les mêmes conditions qu'I-chang. Après de longues et laborieuses négociations, cette faveur leur a été accordée par le gouvernement chinois, mais avec un certain nombre de restrictions qui en diminuent considérablement l'importance.

Ainsi, dans la convention signée à cette occasion, il a été stipulé qu'aucun navire à vapeur ne pourrait pour le moment circuler entre I-chang et Chung-king. Les mandarins chargés de négocier le traité ont invoqué le singulier prétexte suivant : « La rivière est trop étroite à partir de I-chang, et les bateaux à vapeur ne pourraient pas naviguer sans danger pour les nombreuses jonques qui circulent. » Une autre clause stipule que : « la navigation sera libre, mais pour les seules embarcations chinoises montées par des équipages chinois. Toutefois les étrangers pourront en acheter pour leur compte ou en louer, mais l'obligation de l'équipage chinois est absolue. » Enfin, pour ne pas mettre un veto complet à la circulation des vapeurs, il est dit, dans un des derniers articles, que : « les étrangers pourront faire circuler des bateaux à vapeur quand les sujets chinois eux-mêmes en auront reçu l'autorisation » (1).

Il est fort probable que les fonctionnaires du Céleste Empire trouveront encore pendant de longues années d'excellents prétextes pour refuser l'autorisation en question à leurs nationaux ; mais le jour où cette interdiction sera levée, les 650 kilomètres séparant I-chang de Chung-king, qui demandent actuellement 35 jours de voyage par jonques, pourront être parcourus en 5 ou 6 jours. C'est, en tout cas, une éventualité bien éloignée.

Ainsi qu'on peut le voir, Chinois et Anglais attachent une égale importance à la navigation du Yang-tsé-kiang. En ce qui concerne particulièrement le Yunnan, d'après les chiffres recueillis à la douane de Lao-Oua-Tan (2), la valeur des marchandises qui transitent chaque année, entre Yunnan-Fu et Chung-king (vià An-pien) atteint 20 mil-

---

1. *North China Herald*. Revue anglaise de Shang-haï. Juin 1890.
2. Rapport de M. Bourne (déjà cité).

lions. Une grande partie du thé de Pou-eurh suit cette voie. L'opium, les cotonnades, les métaux précieux et les médecines chinoises forment la plus grande partie des charges portées à dos de petits chevaux ou de mulets entre Yunnan-Fu et An-pien.

Les marchandises ainsi transportées mettent trois mois pour aller de Yunnan-Fu à Shang-haï et *vice versa*.

Le voyage se décompose ainsi :

Shang-haï à I-chang. . . . 10 jours par steamers
I-chang à Chung-king. . . . 25 — par jonques
Chung-king à An-pien. . . 14 — par petites jonques
An-pien à Yunnan-Fu . . . 30 — par terre.

Soit, au total, près de trois mois.

C'est un chiffre que nous prions nos lecteurs de retenir, lorsque nous examinerons le temps mis par les mêmes marchandises pour aller de la côte tonkinoise à Yunnan-Fu.

2. — *La Rivière de Canton*. — La seconde artère commerciale chinoise permettant aux négociants du Céleste Empire de pénétrer au Yunnan est la Rivière de Canton. Prenant naissance dans l'Est de cette province, elle devient navigable au moment où elle en quitte la frontière, à partir de Pai-See. Elle traverse ensuite le Quang-Si dans toute sa largeur ainsi que le Sud du Quang-tong. Elle forme près de son embouchure un delta

semé de nombreuses îles. Un peu avant d'arriver à la mer de Chine, on trouve la cité chinoise de Canton, puis la colonie portugaise de Macao bien déchue de son antique splendeur, enfin la riche et prospère colonie anglaise de Hong-Kong.

La présence de ces trois importantes cités commerciales sur un espace relativement aussi restreint montre assez qu'elle est l'importance de la Rivière de Canton.

3. — *Deux voies différentes pour arriver au Yunnan par la Rivière de Canton.* — On peut gagner le Yunnan par la Rivière de Canton de deux manières, soit en remontant directement de Canton, soit en partant de Pakhoï pour aboutir par voie de terre à Nanning-Fu.

1° Voie directe.

De Canton à Wucheou, la Rivière peut être remontée par des bateaux à vapeur de faible tirant d'eau. Le trajet, long de 300 kilomètres, demande deux à trois jours. A partir de Wucheou commence la navigation par jonques.

Le voyage de Wucheou à Nanning-Fu s'effectue en bateaux ne tirant pas plus de 70 centimètres, et dure 17 jours. De Nanning-Fu à Pai-See, il faut 12 à 20 jours, suivant la direction du vent.

Vient alors le portage à dos de coolies ou d'animaux de bât. Il faut encore 23 jours de ce mode de transport pour arriver à Yunnan-Fu, ainsi répartis : de Pai-See à Quang-Nam-Fu, 11 jours ; de Quang-Nam-Fu à Yunnan-Fu, 12 jours ; c'est donc un total minimum de 65 à 70 jours de Canton à Yunnan-Fu.

Pai-See est l'entrepôt général de cette route commerciale. Il y transite tous les ans une valeur de 9 à 10 millions d'opium qui sert de monnaie d'échange, car c'est avec l'opium qu'on paie les marchandises étrangères venant de Nanning. Les autres objets d'exportation sont le thé de Pou-eurh et les métaux (1).

2° Pénétration au Yunnan par Pakhoï et Nanning-Fu.

Au lieu de remonter la Rivière directement à partir de Canton, on peut déboucher sur son cours en partant du port ouvert de Pakhoï, sur le golfe du Tonkin.

Il est ainsi possible d'atteindre le port fluvial de Nanning-Fu par une route directe ; mais celle-ci demande cinq jours de portage à dos d'homme, sur un terrain excessivement difficile, et elle n'est praticable que pour des colis ne dépassant pas 15 à 20 kilos.

Une deuxième route est utilisée pour les marchandises plus lourdes. De Pakhoï, on gagne par mer le port de Kin-tchéou (1 jour) ; on remonte de là à Lu-Wu-Shu par jonques sur la rivière de Kin-tchéou (4 jours). Il faut ensuite trois jours de portage de Lu-Wu-Shu à Nan-shiang, où l'on rejoint la Rivière de Canton. Le port fluvial de Nan-shiang est à 6 jours en aval de Nanning, d'où l'on gagne Pai-See.

1. Rapport de M. Bourne (déjà cité).

Toutes les marchandises qui transitent ainsi par Pakhoï ne sont pas destinées seulement au Yunnan ; une certaine partie s'écoule dans la province du Quang-Si dont Pakhoï se trouve être en quelque sorte « la porte de côté », suivant la pittoresque expression de M. Allen, consul anglais de ce port.

Quelques chiffres suffiront pour faire ressortir l'importance de Pakhoï, dont le commerce n'a cessé de se développer, depuis que cette ville a été ouverte au commerce européen.

Le tableau ci-après donne, en francs, le total des importations et des exportations effectives pendant les années 1888 et 1889.

	1888	1889
Importations.	19.666.825 fr.	21.279.850 fr.
Exportations.	5.758.000 »	6.077.155 »
Totaux. . . .	25.424.825 »	27.357.005 »

Ajoutons que le commerce total a été respectivement :

De 2.350.000 francs. . . . . en 1879.
12.500.000 francs. . . . . en 1881.
16.500.000 francs. . . . . en 1885.

Ces chiffres répondent victorieusement à ceux qui prétendent impossible de détourner sur une route donnée un courant commercial. Ce qui a été fait à Pakhoï, nous pouvons le réussir au Tonkin

3.

avec de bien plus grandes chances de succès, car nos routes sont plus courtes et plus commodes.

Les Anglais se préoccupent déjà de la concurrence dont notre colonie menace le port chinois, et tous leurs efforts tendent en ce moment à obtenir du vice-roi de Canton la construction d'un chemin de fer reliant Pakhoï à Nanning-Fu ; mais jusqu'à présent ils n'ont pas réussi et le vice-roi y regardera à deux fois avant d'autoriser la création d'une ligne ferrée qui ferait de Pakhoï un port rival fort dangereux pour Canton (1).

Les choses resteront encore fort longtemps dans l'état actuel et, de ce côté comme dans l'Ouest, les voies de transit tonkinoises continueront à être encore longtemps les meilleures et bientôt les plus fréquentées.

§ IV. — TONKIN

Pénétration dans le Yunnan par le Fleuve Rouge. — Dans le Quang-Si par Langson et Nacham. — Comparaison des routes tonkinoises et des routes chinoises.

Il nous reste maintenant à prouver la supériorité des routes tonkinoises vers l'est du Yunnan et le Quang-Si.

1. Rapport du consul anglais Allen sur le commerce de Pakhoï (*North China Herald*, Juin 1890).

1. — *Le Fleuve Rouge*. — Tout a été dit sur le Fleuve Rouge : aussi jugeons-nous inutile d'en donner une description détaillée. Il suffit de jeter un coup d'œil sur la carte du Tonkin, pour voir cette grande artère commerciale s'enfoncer comme un coin dans le Sud-Ouest de la Chine, frayant par sa large vallée le passage le plus court aux voyageurs et aux négociants.

Jusque dans ces derniers mois la navigabilité du Fleuve Rouge, pour les bateaux à vapeur, avait été fort contestée en ce qui concerne la partie du cours d'eau comprise entre Yen-baï et Lao-kaï. Yen-baï est desservi déjà depuis plusieurs années par un service régulier hebdomadaire des messageries fluviales du Tonkin ; mais les steamers pourraient-ils, comme beaucoup le prétendaient, remonter jusqu'à Lao-kaï, c'est-à-dire jusqu'à la frontière du Yunnan ? Cette question vitale d'une si grande importance pour l'avenir de notre colonie a été résolue victorieusement, grâce à l'audacieuse énergie de MM. Marty et d'Abbadie, les intelligents directeurs de la « *Compagnie subventionnée des Messageries fluviales du Tonkin* ».

Déjà, en 1889, ces messieurs avaient construit dans leurs ateliers d'Haïphong, un bâtiment spécial, le *Lao-kaï*, destiné à naviguer sur les rivières rapides et peu profondes et ils l'avaient lancé à la conquête du Fleuve Rouge. Le *Lao-kaï* atteignit Lao-kaï, mais après une navigation contrariée. Un échouage avait retardé de huit jours son arrivée.

Dans le courant de l'hiver 1889-90, des travaux

furent entrepris pour améliorer certaines passes du fleuve. La navigation qui est très facile jusqu'à Yen-baï devient en effet pénible quand on remonte en amont. Les rapides sont nombreux et la vitesse du courant y atteint jusqu'à 6 et 7 nœuds. Le Thac-kaï et le Thac-doc sont les plus fameux de ces obstacles, et les mariniers annamites ne les abordent pas sans une certaine crainte. Ils sont de plus parsemés d'un certain nombre de rochers fort dangereux, contre lesquels sont venues souvent se briser les jonques dont la cordelle, destinée à les remorquer, s'était rompue. Dans ces passages diffi-ciles, les équipages de plusieurs jonques sont obli-gés de se réunir pour haler une seule embarcation.

Pendant les travaux d'amélioration auxquels furent employés environ cinquante mille francs, une petite chaloupe à vapeur de 12 mètres, le *Thac-kaï*, ayant une vitesse moyenne de 8 nœuds, fut employée au ravitaillement du per-sonnel employé; elle franchit en se jouant tous les rapides et prouva ainsi la possibilité de naviguer sur le fleuve aux basses eaux.

Restait à démontrer qu'il était possible de le remonter aux hautes eaux. MM. Marty et d'Abba-die ne s'étaient pas endormis sur leur premier succès. Après le *Lao-kaï*, ils avaient mis en chantier le *Yunnan*, steamer long de 52 mètres, large de 8ᵐ 30, et ne calant pas plus de 0ᵐ 70 en plein chargement. Comme son prédécesseur le *Lao-kaï*, le *Yunnan* est actionné par une seule roue motrice à l'arrière qui peut lui donner une vitesse de 9 à 10 nœuds.

Au mois de juillet 1890, la crue annuelle se produisit sur le Fleuve Rouge ; elle atteignit une intensité exceptionnelle. Les conditions étaient excellentes pour l'expérience à tenter.

Le 27 juillet, le *Yunnan* ayant à son bord M. Piquet, gouverneur général de l'Indo-Chine, et de nombreux passagers, quitta Hanoï. Il atteignit Lao-kaï le 31, après une navigation de 4 *jours et demi*, sans avoir marché de nuit. Le retour s'effectua en 16 *heures*, par un courant des plus violents, avec une vitesse moyenne de 14 nœuds.

Nous n'exagérons pas en qualifiant de merveilleux succès ce voyage hardi. Car ce n'est pas un médiocre avantage, pour notre colonie, de posséder une voie commerciale pratique mettant les côtes du Tonkin à cinq jours du Yunnan, quand il en faut au minimum 40, soit huit fois plus, pour y arriver des points les plus rapprochés des côtes de la Chine.

Les voyages du *Lao-kaï* et du *Yunnan* n'ont pas été renouvelés. Actuellement les transports de marchandises s'effectuent en vapeurs, jusqu'à Yen-baï et en jonques de Yen-baï à Lao-kaï, ou même entièrement en jonques de Hanoï à Lao-kaï.

2. — *Importance du commerce entre le Tonkin et le Yunnan. — La station douanière de Mongtsé.* — Après avoir atteint Lao-kaï, les marchandises continuent à remonter le Fleuve Rouge, jusqu'au port chinois de Mang-hao, extrême limite de la navigation. Elles sont dirigées de là sur Mongtsé, ville ouverte au commerce par le traité franco-chinois de 1886, dans les mêmes conditions que les ports ouverts des côtes de Chine. On y trouve un consul français et un représentant du grand service des douanes chinoises. C'est à ce représentant, M. Happer, que nous empruntons les considérations suivantes tirées du rapport officiel, pour l'année 1889, concernant le fonctionnement de la douane chinoise à Mongtsé. Ces quelques lignes, écrites par un Américain, sont en réalité l'apologie du Fleuve Rouge et de la colonie tonkinoise.

« Mongtsé peut être comparée à Salt Lack City. Bâtie sur un plateau long de 39 kilomètres et large de 19, horizontal comme un palier, à 1.560 mètres au-dessus du niveau de la mer, la ville, qui est le principal entrepôt du commerce avec le Fleuve Rouge, domine toute la plaine jusqu'aux montagnes qui l'entourent. Autrefois une chaussée empierrée avait été construite et la reliait à Mang-hao, son véritable port sur le Fleuve. Mais dans la terrible insurrection musulmane qui, il y a vingt ans, a dévasté tout le Yunnan, Mongtsé paraît avoir beaucoup souffert ainsi que le prouvent les ruines de nombreux temples et édifices publics.

« De tout temps Mongtsé a toujours eu une grande activité commerciale, à cause de la proximité des mines d'étain du Yunnan et de la distance relativement courte où elle se trouve de la mer. Maintenant que le fleuve a été ouvert à la navigation à vapeur, le voyage de Haïphong à Yunnan-Fu, par Mongtsé, peut être accompli en 25 jours,

tandis que le trajet de la capitale à Pakhoï est de
54 jours.

« L'itinéraire de Haïphong à Yunnan-Fu est le
suivant :

Haïphong à Hanoï par bateau à vapeur. 1 jour
Hanoï à Lao-kaï . . . . id. . . . . . 5 »
Lao-kaï à Mang-hao par jonques. . . . . 7 »
Mang-hao à Mongtsé par animaux de bât. 3 »
Mongtsé à Yunnan-Fu. . . . id. . . . . . 9 »

Total   25 »

« Mais le gain du temps n'est pas le seul avantage que procure la nouvelle route, préférable à
toutes celles qui sont employées actuellement pour
pénétrer au centre du Yunnan comme, par exemple,
celles venant de Chung-king et Pai-See. La première exige en effet un trajet de 40 jours par animaux de bât, et la seconde, un de 22 jours dans les
mêmes conditions de transport. Le droit de transit
à travers le Tonkin est léger et n'atteint que cinq
pour cent de leur valeur pour les objets les plus
imposés. Quand ces marchandises ont payé à
Mongtsé un droit d'importation inférieur des trois
dixièmes à celui demandé dans les ports ouverts,
elles peuvent obtenir une passe de transit qui les
décharge de tout autre droit à payer à travers le
Yunnan et leur permet d'atteindre ainsi le Sétchouen.

« L'avantage, au point de vue pécuniaire, de la
route du Yunnan par le Fleuve Rouge et Mongtsé

— 48 —

sur celle qui vient de Pakhoï est le suivant: une caisse de marchandises, du poids de 36 kilos, paye treize francs, tous frais compris, pour être transportée de Hong-Kong à Mongtsé (*viâ* Tonkin). Elle doit payer la même somme rien que pour la location des mules, afin d'accomplir seulement la moitié du trajet par la route venant de Pakhoï.

« D'un autre côté, les mesures libérales du gouvernement français, au sujet des droits à acquitter par les marchandises d'origine chinoise qui transitent à travers le Tonkin pour le Yunnan et le Quang-Si, sont admirablement calculées pour favoriser le commerce d'exportation par cette route.

« La valeur totale des marchandises qui ont passé par Mongtsé, pendant la période d'août 1889 au 1ᵉʳ janvier 1890, est de 1.098.930 francs.

« Sur cette somme, 373.800 francs appartiennent aux marchandises d'origine étrangère divisées comme suit, savoir: 146.430 francs de marchandises venant du Tonkin; 227.370 francs de marchandises venant de Hong-Kong.

« Hong-Kong fournit aussi les marchandises d'origine chinoise dont la valeur a été de 196.200 francs.

« L'exportation des produits du Yunnan est montée d'autre part à 528.000 francs, sur lesquels la plus grosse part à destination de Hong-Kong. En somme, ce port seul a absorbé plus de 18 pour cent du commerce par la nouvelle route.

« Enfin, on compte 231.000 francs pour le commerce direct entre le Tonkin et le Yunnan.

« Sans entrer dans le détail des marchandises qui ont fait l'objet de ce commerce, nous pouvons signaler un chargement de plaques de marbre de Yunnan-Fu à destination de Shang-haï, très bien emballées et qui ont été portées à dos d'homme à Mang-hao au mois de décembre 1889. etc., etc. »

Nous avons tenu à reproduire textuellement ces lignes d'un rapport officiel pour ne pas être suspecté de partialité vis-à-vis de cette merveilleuse voie commerciale du Fleuve Rouge.

Actuellement les prévisions de M. Happer sont en train de se réaliser. Le commerce a doublé en 1890 et ce ne sont pas les marchandises qui manquent, mais les jonques destinées à les transporter. Vers le 1er décembre, un vapeur des messageries fluviales a pris à Yen-baï et apporté à Haïphong un chargement d'étain du Yunnan. En attendant l'installation d'une ligne régulière de steamers, il va se créer, soit à Yen-baï, soit à 20 kilomètres plus haut, à l'embouchure du Ngoï-tié, un entrepôt où s'opérera le transbordement entre les vapeurs et les jonques. Celles-ci pourront ainsi éviter le long trajet entre Yen-baï et Hanoï.

Quant à la sécurité du Fleuve Rouge, elle est actuellement complète, grâce aux nombreux postes militaires installés sur ses bords et aux fortes escortes qui accompagnent chaque convoi.

En résumé, nous possédons là une route commerciale de premier ordre; grâce à elle, dans quelques années, le Tonkin deviendra le marché central des marchandises destinées à la Chine occidentale.

3. — *Du Tonkin au Quang-Si par Langson et Nacham*. — Nous avons appelé Pakhoï, la « porte de côté du Quang-Si », d'après la dénomination du consul anglais de ce port, M. Allen. Mais nous possédons également au Tonkin une porte de côté autrement facile et pratique que Pakhoï. Remontons en effet jusqu'à Phu-lang-thuong par bateau à vapeur ; dirigeons-nous sur Langson par le chemin de fer, long de 125 kilomètres, qui sera terminé dans quelques mois et prolongé ensuite jusqu'à Nacham sur la route de Cao-bang. Nous trouvons à Nacham une rivière navigable dès ce point : le Song-Ki-Kong descendant en Chine par Longtchéou, Taïping-Fu, et se jetant dans la rivière de Canton un peu en aval de Nanning.

Telle est la voie qui nous permet de pénétrer facilement et à peu de frais dans le Quang-Si.

Longtchéou, comme Mongtsé, possède une douane chinoise : c'est la seconde ville ouverte au commerce franco-tonkinois par le traité de 1886.

Mais le commerce, de ce côté, est loin d'être aussi important que celui passant par le Fleuve Rouge.

Pendant les sept derniers mois de l'année 1889, la valeur des marchandises qui ont transité entre la Chine et le Tonkin n'a pas atteint plus de 130.000 francs.

C'est là une situation passagère. Nul doute que le jour où les marchandises pourront atteindre Nacham par le chemin de fer et être transportées ensuite par barques jusqu'à Longtchéou, le commerce ne progresse dans des proportions considérables.

Notre opinion est d'ailleurs entièrement confirmée par M. Carl, commissaire anglais du service des douanes chinoises à Longtchéou et par M. Bons d'Anty, vice-consul de France dans cette dernière localité. Voici comment le premier s'exprime, en effet, dans son rapport concernant l'exercice 1889 :

« Le commerce de Longtchéou avec le Tonkin continuera à être fort restreint jusqu'au moment où le chemin de fer de Phu-lang-thuong à Langson aura été construit.

« Celui-ci réduira à cinq jours la durée du trajet entre Haïphong et Longtchéou et le fret à une piastre et demie (6 francs) le picul (60 kilos), tandis que celui-ci s'élève à 4 piastres pour le même poids de marchandises venant de Pakhoï. De plus, comme par suite du consentement de la France, les droits de transit à travers le Tonkin sont fort réduits, non seulement Longtchéou, mais bien d'autres marchés du Quang-Si utiliseront cette nouvelle voie. »

Par conséquent, de ce côté aussi, tous les avantages sont en faveur du Tonkin. La construction d'un chemin de fer venant de Pakhoï, chose fort improbable d'ailleurs comme nous l'avons montré, ne modifierait pas cette situation, car les distances à parcourir seront toujours plus longues en partant de la côte de Chine, et les obstacles naturels accumulés entre la Rivière de Canton et Pakhoï rendront toujours le transport beaucoup plus coûteux.

CONCLUSION

Ainsi que nous venons de le montrer, le Tonkin occupe une place prépondérante. D'ici peu il doit devenir le centre commercial des marchés du Meh-kong, des pays shans, du Yunnan et du Quang-Si.

Sans doute le commerce a oublié depuis long-temps les voies de transit tonkinoises. Mais nous pouvons espérer leur rendre d'ici peu leur ancienne activité, et, comme nous l'avons prouvé, les premiers résultats sont fort encourageants.

Depuis deux ans seulement il nous a été possible de songer au commerce et à la colonisation. Il faut rendre justice à l'heureuse initiative des pouvoirs civils et militaires, qui ont su en si peu de temps obtenir d'importants résultats, là où le néant existait.

Sur la Rivière Noire, où il n'y avait plus une seule embarcation, quatre cents pirogues naviguent.

Sur le Fleuve Rouge, jadis désert, des convois de vingt à trente jonques richement chargées se succèdent à de courts intervalles, en attendant qu'une flottille de vapeurs vienne les remplacer, ce qui ne tardera pas.

Du côté de Langson, et vers le Quang-Si, on pose les rails qui nous mèneront en quelques heures à la porte de Chine.

D'autre part, nous possédons en abondance le nerf du commerce et de la guerre, le charbon. Sur la côte de la baie d'Along, les trois gisements de Kébao, d'Honegay et de Dong-trieu sont en pleine exploitation. Les Messageries fluviales abandonnent les charbons australiens et japonais et ne brûlent plus sur leurs paquebots que des houilles tonkinoises. Celles-ci ont d'ailleurs des débouchés infinis à Hong-Kong, Saïgon, Singapore et sur les côtes de l'Inde et de la Chine.

Les cargo-boats apportant au Tonkin les marchandises à destination du Yunnan et du Quang-Si trouveront donc un fret de retour assuré, et les prix de transport de tous les objets s'abaisseront d'autant. Cette diminution favorisera encore les voies de transit tonkinoises et les mettra ainsi hors de pair vis-à-vis de leurs rivales.

Au moment où l'on s'occupe de lancer des rails à travers les déserts de l'Afrique, il n'est pas sans intérêt de constater que nous possédons en Extrême-Orient une colonie de premier ordre, riche, peuplée, et qui ne demande, pour se développer, qu'un peu d'initiative et d'intelligence commerciale.

Nous serons heureux si ces quelques lignes peuvent attirer l'attention sur le Tonkin et servir ainsi au développement de sa future prospérité.

TABLE DES MATIÈRES

AVANT-PROPOS. 3

1ʳᵉ Partie

1. — BIRMANIE ET SIAM
   Grandes routes commerciales vers les États shans
   et le Sud-Ouest du Yunnan. — Chemins de fer
   projetés 5

2. — TONKIN
   Grandes routes commerciales vers les États shans
   et le Sud-Ouest du Yunnan. — Leur utilisation
   actuelle. — Comparaison entre les routes birmanes, siamoises et tonkinoises 17

2ᵐᵉ Partie

3. — CHINE
   Grandes routes commerciales vers le Yunnan et le
   Quang-Si. 35

4. — TONKIN
   Pénétration dans le Yunnan par le Fleuve Rouge.
   —Dans le Quang-Si par Langson et Nacham. —
   Comparaison des routes tonkinoises et des rou-
   tes chinoises 42

CONCLUSION. 52

IMP. NOIZETTE, 8, RUE CAMPAGNE-PREMIÈRE, PARIS

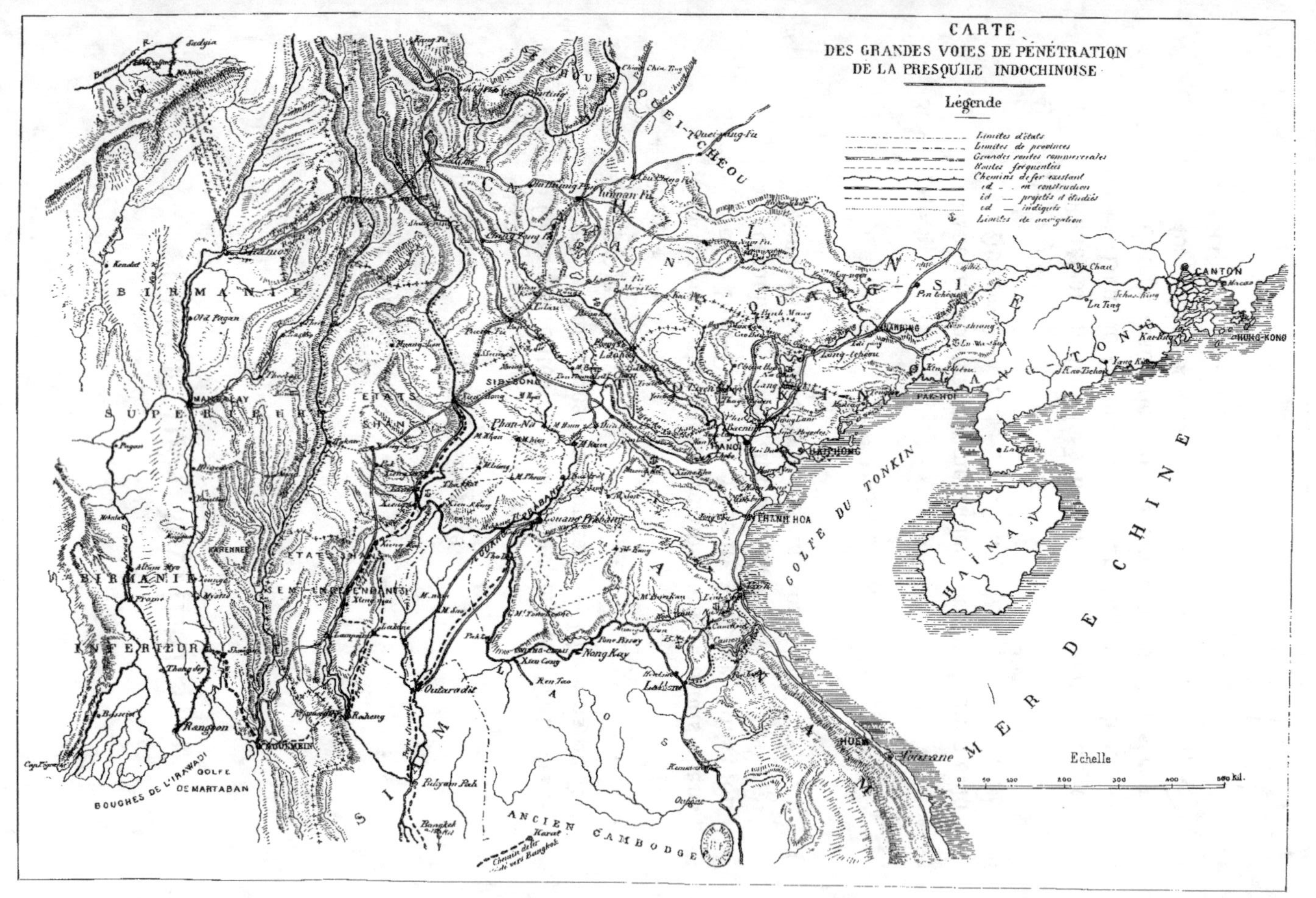

CARTE
DES GRANDES VOIES DE PÉNÉTRATION
DE LA PRESQU'ILE INDOCHINOISE
Légende
Limites d'états
Limites de provinces
Grandes routes commerciales
Routes fréquentées
Chemins de fer existant
id — en construction
id — projetés d'études
id — indiqués
Limites de navigation
ASSAM
BIRMANIE
SUPÉRIEURE
BIRMANIE INFÉRIEURE
ÉTATS SHAN
ÉTATS SHAN INDÉPENDANTS
SIAM
ANCIEN CAMBODGE
LAOS
ANNAM
TONKIN
QUEI-TCHEOU
YUN-NAN
KOUANG-SI
KOUANG-TONG
HAINAN
GOLFE DU TONKIN
MER DE CHINE
BOUGHES DE L'IRAWADI
GOLFE DE MARTABAN
Queï-yang-Fu
Yunan-Fu
SIBSONG
Mandalay
Rangoon
Moulmein
Bangkok
Karat
Outaradist
Raheng
Nong Kay
Lakhon
Hué
Tourane
THANH HOA
HANOI
HAIPHONG
PAK-HOI
CANTON
HONG-KONG
Échelle
0   50   100   200   300   400   500 kil.

www.ingramcontent.com/pod-product-compliance
Lightning Source LLC
Chambersburg PA
CBHW061317060726
47596CB00003B/947